真我宣言

印度靈性導師
拉瑪那尊者的教誨福音

Maharshi's Gospel

Being Answers of Bhagavan Sri Ramana Maharshi to
Questions put to Him by Devotees, BOOKS 1 & II

拉瑪那尊者 Sri Ramana Maharshi 著
蔡神鑫 譯

譯序

蔡神鑫

本書載述印度靈性導師拉瑪那尊者（Sri Ramana Maharshi, 1879-1950）與其知名信徒摩里斯・佛利曼[1]（Maurice Frydman, 1894-1976）的問答對話。佛利曼記錄內容，呈請尊者修正，彙編成書，書名*Maharshi's Gospel*[2]（中文版書名《真我宣言》），一九三九年於拉瑪那六十歲誕辰日，匿名出版，頗受佳評，在拉瑪那道場傳閱甚廣。

師徒對話的議題，在庸言庸行之間，諸如：工作與棄世、靜默與獨處、控制心思、平靜與幸福等。提問者出語樸素而直率，應答者咳唾成珠而精實，一來一往，流露出師徒間的圓智與熱誠，交鋒所及，義蘊朗然，使上師的心靈祕意，蔚為清明的教誨宣言，載諸文字，粲然可讀，共譜一部指引尋道者尋求生命真理的福音精品；問世以來，迄今歷久不衰，仍為全球尋道者熱愛的讀物，幸台灣讀者明鑒。

1 摩里斯·佛利曼，出生於波蘭的猶太人，一九三五年來印度，結識多位印度重要人物，如聖雄甘地、克里希那穆提（J. Krishnamurti）、拉瑪那尊者、尼薩迦達塔大師（Sri Nisargadatta Maharaj）等。專研拉瑪那的國際知名學者大衛·戈德曼（David Godman）讚他是一位「卓越的非凡之士」。他與聖雄甘地甚善，贊襄印度獨立運動，又與尼薩迦達塔大師過從甚密，將大師與信徒的對話，編譯成一部震撼當今靈修界的權威鉅著《我是那》（*I am That*）。他逝世時，尼薩迦達塔在側。參閱"The Extraordinary Life of Maurice Frydman"見網站：https://www.wisdom2be.com/files/category-maurice-frydman.html

2 閱V. Ganesan, *Ramana Periya Puranam* 一書，內文"Maurice Frydman – His Life Story"見網站：http://life-after-joining-ishayoga.blogspot.com，二〇一四年九月三十日。又參閱Barry Gordon, "Maurice Frydman"，見網站www.geofengshui.com/gordon.htm

原序

為回應廣大的拉瑪那尊者信徒之熱烈要求，尊者對於信徒的答語，乃彙輯成冊，書名《真我宣言》（*Maharshi's Gospel*），俾有助益於全球信徒。

這些問題，時常發生在我們身上，而我們在致力於解決問題之餘，不勝掙扎。尊者給與的答案，乃神性智慧的精髓，是基於其直接的真知及體驗。他的答語對追求真理的尋道者，是無可估量的珍貴。

不二一元論的精微真理，其唯一的實相，乃是「真我絕對」或「至上絕對」（Brahman）；其他任何書冊，皆不及本書文字所闡述之清晰明澈，因為一方面，它是基於尊者本人最高體驗的談話，而另一方面，它是來自尋道者尋求真理的一般知解之觀點。

真理乃一體同仁，拉瑪那尊者指導熱誠的尋道者去探究其自身的體驗，並自行尋找生命存在的核心，亦即本心，那是永恆的「一」之絕對實相，而吾人所見所知之萬物，不過是現象的呈現而已。

出乎聖者之口的片言隻字，都是《奧義書》智慧的精華，而聖者本人，就是至上的化身。

虔誠的信徒將會知曉本書載述的務實指導，並且獲得信念，確悉其生命的本質，乃是神性。

目次

卷一

第一章

工作與棄世

問：人的靈性體驗之最高目標為何？

尊者：了悟真我。

問：已婚之人，能否了悟真我？

尊者：可以的。不論已婚或未婚，人皆能了悟真我；因為那個就在當下即是。若非如此，而須投以精力，假以時日才能得到，或者那個是新的東西，必須努力獲得，則那就不值得尋求，因為不是天生自然的，就沒有永恆性，而我說的真我，乃是當下即是，而且唯一存在。

問：鹽製的玩偶，投入海中，並無防水衣膜加以保護，我們處在人世上，日夜操勞，有如在海中，載浮載沉。

尊者：是的，那個心思，就是防水衣膜。

問：若是這樣，則人能在工作中，心無欲望，而保持獨在嗎？但是，生活的職責，並不允許有一點餘暇來靜坐冥想，要靜下心來祈禱又更難了。

尊者：是的。執行工作而有執著，就是枷鎖，若無執著，則不會影響工作者，甚至他在工作中，仍是獨處的。執行你的職務，乃是真正的禮敬……而安住在神裡面，乃是唯一真實的坐相。

問：我應該要出家嗎？

尊者：若這是你的命運，你便不會提出這個問題。

問：那麼，為何你在年輕時，便離家出走呢？

尊者：萬物的發生，皆是神的旨意。其人此生的行事作為，乃其今世業報所決定。

問：若我投入全部心力，探尋真我，這樣好嗎？若不能做到，則我應僅是保持安靜嗎？

尊者：若你能保持安靜，而心無旁騖，那是很好的。若不能這樣，只是一味安靜，就了悟的觀點來講，這又有何用呢？其人若必須有所行動，切莫放棄去了知真我。

問：人的所作所為，會影響到他的來世嗎？

尊者：你現在出生了嗎？為何你要想到死亡的事呢？事實上，既無出生，也無死亡。讓自認為出生的人，去想死亡的事與對治的方法。

問：你能讓我們看到亡者嗎？

尊者：難道在親人出生之前，你就認識他們，所以他們死後，你也要去尋找他們嗎？

問：有家室的人，如何在尋求解脫中過他的生活？他必須要成為出家人，才能得到解脫嗎？

尊者：為何你要認為自己是個有家室的人呢？類似的念頭，如四處雲遊的出家人，你以此身分而四處雲遊時，認為自己是出家人的念頭，總是縈懷不去。不論你居家生活或棄世而走入林間，你的心思總是籠罩著你，而自我是念頭的來源。自我創造了身體及世界，使你認為你是有家室的人。若你除去了這個念頭，它又以「雲遊出家人」的念頭取代「在家居士」，以「林間的環境」取代「家室」。念頭的障礙總是在你的內心裡，這個障礙，甚至在新的環境裡，更為嚴重，所以變換環境，無濟於事。那個障礙，就是心思，不管你居家或在林間，都必須克服心思。若你在林間能做到，則為何在家就不能做到呢？因此，為什麼要變換環境呢？不論你身處何處，你在當下就可以致力於此。

問：在繁忙的俗務中，能夠同時安享三摩地嗎？

尊者：「我在工作」的感知，就是障礙。問你自己，是「誰在工作」？記住你是誰，然後工作不致於綁住你，它將自然遂行。莫費心力於在工作或不在工作，你的心力勞擾，就是困縛。命中註定會發生的，就會發生。若你註定無須工作，則縱使你去尋找工作，工作也不會臨上你身。若你註定必須工作，則你無法避免工作，你將被迫投入工作。所以，把工作交給至上大力，你無法憑自己的選擇來放棄工作或保有工作。

問：昨天尊者說，人在其「內在」找尋神的時候，其「外在」的事務會自然進行。在柴坦納（Chaitanya）的生平中，據說他向門徒講道時，他確實在他的內在裡看見上主克里虛那（真我），以至於渾然忘我，而一直在講克里虛那。這就可質疑：事務會自理嗎？人是否應該對所投身的工作，只保持部分的注意力？

尊者：真我就是一切。你有別於真我嗎？或者若無真我，而工作也能進行下去嗎？真我是遍在的，所以，不管你是否努力從事工作，所有的活動，都將自然而為。事情會自行運作。因此，上主克里虛那告訴阿周那說，不用擔心殺死俱盧族，他們已經被神所弒了。這不是他個人要下決心去做或者要憂慮的事，而是他允宜讓他自己生命的本質去執行至上大力的旨意。

問：但是，我若不注意手上的工作，則可能會搞砸。

尊者：注意到真我，意味著注意到工作，因為你認同身體，所以你認為你在工作，然而，此身及其行動，包括工作在內，皆非自外於真我。至於你是否注意到工作，又有何干呢？假設你步行從一地到另一地，你並沒有注意到你的步伐，但你走了一陣子後，便抵達目的地了，於是你看到你沒有在注意步伐，但步行這件事情，自然行之，其他的工作之運作，亦復如此。

問：這樣，就像在睡夢中走路。

尊者：好像是夢遊嗎？是的。孩子睡著了，母親餵他，這時小孩就跟他在醒時的進食沒兩樣。但是隔天上午，他對母親說：「媽，我昨晚沒吃東西。」母親及旁人都知道他吃了，但他說沒吃。當時他一無覺悉，但活動照樣進行。

有一位旅人在牛車上睡著，在旅途中，牛車行駛、停住或卸軛，他都不知道這些事情，但醒來時，他發現他身在異處。他一路上，很幸運地不知道這些事，但旅程圓滿結束。這類似於人的真我，「始終清醒的真我」就好像在牛車上睡著的旅人。「醒境」是牛車的行駛，而「三摩地」是牛車的停住（因為三摩地意味醒境之眠息，亦即其人在行動中是明覺不昧，而無關切；而牛車在負軛中，但無行駛）；睡眠則是牛車的卸軛，因為完全停止行動等同於卸軛的牛車。

又，舉電影為例，在電影放映中，圖像投射在銀幕上，移動的圖像並不會影響或改變銀幕。觀者聚精會神，觀看圖像，但忽視銀幕。圖像無法分離於銀幕而存在，但銀幕卻被忽略了。同理，真我是銀幕，而銀幕上的圖像、活動等，穿梭其上，被人觀視，人僅是覺知後者，卻未覺知於基本的前者。這些同為圖像的世界，並不在真我之外，不管他是覺知或未覺知於銀幕，活動持續在進行。

問：但是電影有個放映電影的運作者。

尊者：電影的放映，係由無覺性之器物構成，諸如電燈、圖像、銀幕等，全是無覺性的，所以需要一位運作者，亦即覺性的媒介。在另一方面言，真我乃絕對意識，因而自身已具覺性，除卻真我之外，別無運作者。

問：我不會混淆身體與運作者，我毋寧要指出上主克里虛那在《薄伽梵歌》第十八章第六十一則頌文的話語：「喔，阿周那，上主住在萬物的本心裡，祂以其幻力運轉萬物，彷彿在一部機器上。」

尊者：身體的功能，涉及需要運作者，在心思裡萌生。因為身體是無覺性的，故覺性的運作者，乃為必要。既然人們自認為是生命個體，克里虛那便說，神住在本心裡，作為生命個體的運作者。事實上，既無生命個體，也無運作者，正如在此之前，是位於其外在的。真我涵攝一切，銀幕、圖像、觀者、演員、運作者、燈光、劇院及其他一切皆屬之。你把真我與身體混淆，而想像你自己是演員，就好像觀者自認為是電影上的演員。想想看，演員在沒有銀幕的情形下，卻認為他能夠製造一個情景，這就是人們在離卻真我的情形下，在自認為這是他的活動行止。

問：在另一方面言，這就好像要觀者在電影的影像中演出，所以我們必須學習在睡覺中醒覺。

尊者：活動行止及其境況，取決於其人的觀點。烏鴉、大象、蟒蛇，各自能以其單一器官而有雙重功能。烏鴉能以獨眼而視兩邊，大象長鼻具有手臂及鼻子的功能，蟒蛇的雙目能觀視及聽聞，不管你說烏鴉是單眼或雙眼，或者象鼻是手臂或鼻子，或者說蟒蛇的眼睛是耳朵，它們都是一樣的。同理，對悟者而言，眠境中醒覺或醒境中眠息，或夢中之眠或夢境中醒覺，也都一樣。

問：但是，我們必須在這個物象或昭然在目的世界上，應付這個身體，假使我們在工作中睡著了，或者想要工作卻入睡了，工作就會做不好。

尊者：眠息不是無明，它是人的純淨境地。醒著不是知識，它是無明。在睡境中，有全然的明覺，在醒境中，有其全然的無明。你生命的真實純淨，涵蓋二者，又延伸而超越之。真我超越知識及無明。睡、夢及醒境，不過是真我面前流往而過的型態：不管你是否覺察到，它們都流往而過。那就是悟者的境地，在其三摩地的境地上，流往著醒夢及深睡，好像牛隻在行走、站住或卸軛，而旅人是眠息的。這些回答，都是來自未悟者的觀點，否則這樣的問題，不會被提起。

問：當然，他們不會為了真我而提問，因為到底是誰在提問呢？但不幸的是，我尚未了悟到那個真我！

尊者：這正是你的障礙所在。你必須要擺脫你是未悟者而尚未了悟真我的觀念，你就是真我！你可曾有個片刻不了知那個真我嗎？

問：所以，我們必須體認在睡境中醒覺……或者在白日中做夢嗎？

尊者：（笑著）

問：我認為，由於無間冥思於真我的結果，一個人的身體頓入三摩地，成為不動之身，就是這個原因。心思固定在這樣的冥思，不會受到身體及感官活動的影響。心思的騷動，不全然是身體活動的前兆。另有人認為，身體的活動，必定會阻礙三摩地或無間冥思。尊者的看法為何？您是我見解的明燈。

尊者：你們二者都對。你偏向自然俱生無分別三摩地，另一人偏向獨存無分別三摩地。在後者的事例中，心思沉入真我之光（另一方面，在深睡時，心思處在無明的黑暗中），而冥思的主體在三摩地出定的活動與三摩地之間會起分別；甚至，身體、視線、生命氣息、心思的活動及注意的對象，這些對於尋求了悟獨存無分別三摩地之人，都是阻礙。

然而，在自然俱生三摩地方面，心思融解於三摩地後，已然滅失。上述的有分別及阻礙並不存在這裡。這樣的人的行動，好像男童睡覺時被餵食，雖然旁人認知如此，但其本人並不覺悉。在牛車走動中而睡覺的旅人，並不覺悉牛車在行駛，因為他的心思已死，融解於真我幸福的消魂至境。

註：睡眠、獨存無分別三摩地、自然俱生無分別三摩地，三者之區分，尊者列表如左：

睡眠	獨存無分別三摩地	自然俱生無分別三摩地
1. 心思活的	1. 心思活的	1. 心思死的
2. 沉入無意識	2. 沉入於光	2. 融解在真我裡
	3. 像繫著繩子的水桶沉在井水中	3. 像河流匯入海洋，其身分已失
	4. 提起繩子另一端，則可拉回水桶	4. 河流不能自海洋轉向回流

悟者了悟真我，其心思業已滅盡，但在旁觀者而言，聖者似乎具有心思，一如未悟者然。因此，聖者的「我」，僅是一種表面上看似「客觀的真實」，然而事實上，它既非主觀的存在，也非客觀的真實。

第二章

靜默與獨處

問：立誓靜默有用嗎？

尊者：內在的靜默，乃是我身臣服，那是了無自我感的生活。

問：對雲遊的出家人而言，獨處是否為必要？

尊者：獨處是指人的內心。其人可能身在繁華人稠的世上，而持心寧靜，則此人是獨處的；另有人可能身在幽靜的林間，但無法降服其心，則他就不是獨處的。獨處是內心的情態，人若執著於生活雜務，則不管他身在何處，都無法獨處，而無執著之人，總是在獨處中。

問：靜默是什麼？

尊者：那個超越言語及思維的，就是靜默，乃了無心思走作的冥想；而降服心思，即是冥想。深沉的冥想，是恆在的言語。靜默是始終存在的言語，乃「語言」之不間斷而長流，為言語介入而中斷，因為語句阻礙了這個無聲無息的「語言」。人聆聽演講數小時後，可能毫無心得，然而靜默永遠能裨益全人類……因為靜默，雄辯乃有其勝義。口頭講述不如靜默之雄辯。靜默是滔滔不絕的雄辯，乃最上乘的語言。

有個境地，言語平息，而靜默氤氳其間。

問：那麼，我們又如何去跟人溝通我們的思想呢？

尊者：若有二元的感知呈現，那就有與人溝通的必要了。

問：為何尊者不外出，對民眾廣為講道呢？

尊者：你怎麼知道我沒有這樣做呢？難道講道一定要站上講台，對民眾高聲喊說嗎？講道僅是知識的溝通，唯有經由靜默，才是真正的講道。若有人聽演講一小時後，毫無所獲，空手而歸，其生命仍未蛻變，這樣你認為怎麼樣？相較之下，若有人侍坐在聖者之旁，某些時日後，其人的生命徹底轉變。請問何者為優？是大聲講道，而無效益？或是靜坐無語，傳遞內在的力量？

又，語言是如何萌起的？必先有個抽象的知識，然後自我將之揚起，形成思維，再出諸於口語，故言語乃內心本源所流衍之末端。若言語的功效大，則請你自己評判，經由靜默的講道，其功效何其宏鉅！但是大家不知道這個簡單樸素的真理，這是他們於日用之間、始終存在的體驗之永恆真理。這個真理，就是真我。難道每人都無覺知於這個真我嗎？人甚至不喜歡去聽這個真理，卻渴望知道方外之物，例如天堂、地獄及輪迴轉世。

因為他們喜愛神祕的東西，而非真理，宗教乃投其所好，俾能在最終階段，帶領他們來到真我。不論你所採行的途徑為何，你最後都將回到真我來。既然如此，則何不現在就安住真我呢？要觀視方外之世界，或思索揣度之，則必須要有真我，而這些都與真我，沒有不同；甚至無明之人觀看諸物，其所觀者，僅是真我而已。

第三章

控制心思

問：我如何控制心思？

尊者：若真我被了悟，則無須控制心思。心思一旦消失，則真我朗現輝照。了悟之人的心思可以有其行止，但真我獨然存在；因為心思、身體及世界不離真我，而且無法自外於真我而存在，它們除了真我之外，還能是什麼呢？若人已覺知於真我，則為何還要擔心這些陰影呢？它們又怎能影響到真我呢？

問：若心思只是陰影，那麼人又如何知道那個真我呢？

尊者：真我是本心，自身耀明。耀明發自本心，及於頭腦，那是心思之位處。世界是以心思而被看見，所以你藉著真我的反映之光而看見世界。這個世界是藉著心思的運作而被認知。當心思被照明，則它覺知這個世界；若不被照明，則它不覺知世界。

若心思返內，朝抵耀明的源頭，則客體知識滅息，真我以本心獨在而輝照。

月亮是藉著太陽的光而朗現。當太陽下沉，月亮以顯現物象，而有其意義。若太陽升起，則不需要月亮了，雖然圓月在天空，仍可肉眼觀見。心思之於本心，也是這樣。心思藉著反映的光，而有其意義。當心思返內，融入於自身耀明的源頭時，則心思有如大白天裡的月亮。

天黑暗時，需要燈光照明，若太陽升起，就不需要燈光，而物象顯然在目。要看太陽，不需要燈光，你將眼睛轉向自身耀明的太陽，便為已足。心思亦是同理，要看物象，則需要來自心思的反映之光；若要看本心，則心思轉向本心，便為已足，這樣，心思乃無足掛齒，而本心則自身耀明。

問：十月離開道場後，我一直在尊者面前的臨在力量下，保持覺知，約歷十天。當我繁忙於工作時，感覺有一股統合的潛流在那裡，這好像是在沉悶的演講場裡，我有雙重的意識，在半睡半醒之間，然後潛流完全消逝，而那個老愚昧又來了。工作使我無法撥出時間來冥想，請問，在執行工作時，不斷提醒自己「我在」（I AM），是否這樣就足夠了？

尊者：（沉默半晌）若你增強心力，則那個平靜，便會持續下去，其持續時程與不斷修練而心力增強成正比，而這樣的心力才能夠掌握住那股勢流。在此情況下，不論是否在執行工作，那股勢流，不會被影響，也不會中斷。阻礙那股勢流的，不是工作的執行，而是你在工作的那個觀念。

問：那麼，固定時間持行冥想，對增強心力，是否為必要？

尊者：若你沒有你在工作的觀念，則無此必要。剛開始時，努力提醒自己，是必要的，但後來便會形成自然而持續下去，工作則遂然行之，而你的平靜會保持安穩。冥想是你的真實本質，現在你叫它是冥想，因為並無其他的思維使你心思外馳。當諸多思維驅散了，你便保持獨在，亦即在冥想的境地裡，了無思維，那就是你真實的境地，也是現在的你試圖驅散思維，俾能獲致的。這樣的驅散思維，現在就叫做冥想。當修練成為穩定，那個真實本質便會以真正的冥想而自身輝照。

問：若要試圖冥想，則思維更加紛然萌起。

尊者：是的。在持行冥想時，各種思維紛然而起，那是正常的，因為潛藏在你內心的思維被帶了出來。思維若不被引出來，則你又如何能加以殲滅呢？思維自然會萌起，但在適當時候，也會被滅息，因此心力增強。

問：有些時候，感覺像在夢中，人物事態模模糊糊，幾乎是透明的，而我並不正視他們為外在的某物，只是消極地感覺到他們的存在，也無明顯意識到我身，這時內心有深沉的平靜。就是這個時候，要準備沉入真我嗎？或者，這是不健康的狀況，被自我催眠引起的嗎？應該鼓勵引生這種短暫性的平靜嗎？

尊者：意識伴隨著平靜在內心裡，這正是要邁抵的境地。未能了知這是真我，而在此設定問題，此一事實，正顯示所言之境地，並非穩定，而是偶發的。

當習性外馳，心思被導入內在，其外在事物的表層上有個下陷，因而說「沉入」這個字語，則是可以的。然而，平靜瀰漫遍在，並無阻礙那個意識，則又何須沉入呢？若那個境地，尚未被了知是真我，而致力於此，則得以稱為「沉入」。在此意義上，則那個境地，似乎宜稱為了知或沉入。這樣的話，你最後所問的兩個問題，都不會提起。

問：心思始終偏向孩童，這可能因為孩童是時常用來作為理想的化身。這樣的偏見，如何加以捨棄呢？

尊者：掌握真我。為何你要想到孩童，以及你對他們的反應呢？

問：這是我第三次來訪蒂魯瓦納瑪萊（拉瑪那道場所在的城鎮），似乎增強了我的自我感，而使得冥想的持行，較為不易。這是無關緊要的過程階段，或者在表示我以後應該避免這樣的地方嗎？

尊者：那只是想像，彼此沒有關聯，況且你的環境，也不是你自己所能選擇的。它們在那裡，自然就是這樣，你應躍乎其間，不受糾葛。

（約在晚間五時，有位八歲半男孩坐在廳堂，當時尊者外出爬山。尊者不在廳堂的時候，男孩用簡潔文雅的坦米爾語口述《瑜伽經》及《吠檀多經》，嫻熟引述聖者及經文的語句。尊者步入廳堂後，約莫四十五分鐘，廳堂一片寂靜。男孩坐在尊者面前約二十分鐘，不發一語，僅是凝視著尊者，然後熱淚奪眶而出，便用左手擦拭著眼淚。不一會兒，他離開廳堂，並說他還在等待了悟真我。）

問：我們如何解釋這位男孩不尋常的特質？

尊者：他最後一世的特質在他身上，極為強烈。但這些特質，不論多麼強烈，除非在平靜、安止的心思裡，否則這些特質無法顯現出來。它存在人們的體驗裡，試圖喚醒記憶，往往失敗，但心思平靜時，有時閃現而出。

問：如何化浮動的心思為平靜鎮定？

尊者：觀視浮動心思的源頭，則能消解之，或者我身臣服（交出自己），則能制伏之。我身臣服等同於真我了知，二者皆指自制的必要。自我只有在認知到至上大力之時，才會降服。

問：我如何能逃避這個世界呢？這個世界正是使我心思不寧的真正原因？棄世是了知心思平靜的有效辦法嗎？

尊者：世界存在於你的內心裡。這個世界不會說：「我是世界，就在這裡。」若是如此，則它始終會在那裡，甚至你睡覺時，也會感覺到它的存在。然而，在睡覺時，它並不存在，故它不是永恆的。既無永恆性，則無實質可言。離卻真我之物，毫無真實性，易為真我消解，而真我獨在，乃是永恆的。棄世就是不把非真我視為真我，當不再視非真我為真我，祛除這個無明之後，非真我的一切，便不復存在，那就是真正的棄世。

問：若無棄世，難道我們不能心無執著而行動嗎？

尊者：一位真我的悟者，其本身便是一個良好的行動瑜伽之士。

問：尊者不認定二元論的哲學嗎？

尊者：二元論只有在視非真我為真我的情況下，才能成立，而不二一元論，對此是不認同的。

第四章

虔愛與真知

問：室利・薄伽梵指出，在內心尋找上主克里虛那，其方法乃是敬拜萬物，並將萬物當作薄伽梵來看待，這是朝向了悟真我的正確法門嗎？這種隨心思所至，而拜讚薄伽梵，比起在心思上探究「我是誰」，俾尋求超越的心智，似乎較為容易，不是嗎？

尊者：是的，當你看到神在萬物裡，你是否會想到神？你看到神在你的周遭，則你勢必會想到神，而一心在神，這就形成冥想，而冥想是了悟之前的階段。了悟僅能是在真我裡，或是屬於真我的，但不可能離卻真我，而冥想一定是在此之前的事。不管你冥想於神或真我，並不重要，因為目標都一樣。無論如何，你都不能離卻真我。你看見神在萬物裡，難道不去看祂在你自己裡面嗎？若萬物皆是神，難道萬物不包括你在內嗎？你自己就是神，這豈不是萬物皆是神的神奇嗎？這個修行方法是室利・薄伽梵教示的，也有其他人這樣教導。但是，這種修行方法，勢必有個觀看者或聽聞者存在，而他又是誰呢？

問：如何看到遍在的神？

尊者：看到神即是「在於」神。離卻神，則無「一切」，因為祂遍在一切。祂，獨然而「在」。

問：我們應該偶爾閱讀《薄伽梵歌》嗎？

尊者：要時常閱讀。

問：真知與虔愛的關係為何？

尊者：駐在真我的永恆、無間而自然的境地，是為真知。要駐在真我，你必須要愛真我，因為神誠然是真我，則愛真我就是愛神，那就是虔愛。真知與虔愛，一而同也。

問：我持咒約一小時餘，便落入似睡的狀態。醒來後，記起我中斷的咒語，所以我再行持咒。

尊者：「似睡」是正確的，那是自然的境地。因為現在你繫屬在自我，你便覺得有時自然境地打斷了你的持行，所以你必須再三體驗，直到你瞭解那是你的自然境地。那時你會發現，持咒是外在的，但會一直自動持續下去。你現在的疑惑，是由於錯誤的認同，亦即把持咒的心思認同為你自己。持咒的意思是，固定守在單一思維，而排除其他一切思維。這是持咒的意義，它會朝向冥想，而中止於了悟真我或真知。

問：我應如何持誦神的聖名？

尊者：人不應機械性的表面上持誦神的聖名，而毫無虔誠之情。使用神的聖名，必須以渴切的心呼喚祂，而將自己毫無保留臣服於（交付給）祂。只有在這樣的臣服之後，神的聖名，才會一直與你同在。

問：這樣，那還須要探究嗎？

尊者：臣服只有在完全認知真實臣服的意義時，才有其效益。這樣的認知，來自探究之後，並且加以內省，最後堅定在我身臣服。真知無異於絕對臣服上主，在思維、言語及行為上皆如此。要完全做到，則必須是絲毫沒有質疑的臣服，信徒不能跟神討價還價，或者要求祂給你什麼好處。這樣的全面臣服，涵蓋一切，是為真知、無欲、奉獻、虔愛。

第五章

真我與生命個體

問：人死亡時，其生命個體告滅，正如河流入海，失其個體性嗎？

尊者：但是河水蒸騰，成為雨水，返回山丘，然後匯成河流，落入大海。同理，生命個體在睡覺時，渾然失其獨立個體，但由於其心識印記，又回到生命個體。甚至在死亡時，其生命個體帶著心識印記，並未滅盡。

問：怎會這樣？

尊者：看芟除樹枝，不久復萌，只要樹根仍在，則枝葉茂長。同理，人死亡時，其心識印記只是沉入本心，但未滅絕，就是這個原因，在合適的時間會復萌，而生命個體再度萌生。

問：無數的生命個體及廣大的宇宙之存在，其與這個浮沉於本心的精微心識印記，有何相互的關係呢？

尊者：正如火花從火而發出，生命個體從絕對真我而萌出。那個火花，叫做自我（我）。在未悟者的情形下，自我把自己認同為某物，而同步萌起，它若不繫屬於事物，則無法存在。這樣的繫屬聯結，是由於無明，而人所努力的目標，就是要摧毀這個無明。若能消滅那個認同某物的繫屬聯結，則自我乃能純淨，並沉入於其源頭。人錯誤認同自己的身體，就會有「我是這個身體」的觀念。這個觀念必須先加以祛除，然後才會有好的結果。

問：我如何祛除呢？

尊者：在睡覺時，你並無關聯到你的身體與心思，但在醒夢兩境，你繫屬關聯到它們。若你是因為這個身體而存在，但在睡覺時，並無身體的繫屬關聯，那你是怎麼存在的？你可以離卻你外在的東西，但無法離卻你自己。因此，那個我，不可能是身體的。這些關係，在醒境時，必須加以瞭解。探究三境，才能獲得這個真知。

問：局限在醒夢兩境的我，又如何致力於了知涵蓋三境的「那個」呢？

尊者：在兩境或兩思維之間的空檔，得以體驗到自我的純淨。自我有如毛蟲，離開一物之前，必先抓住另一物。若它不觸及他物或思維，則得以知其真正的本質。你應了知這個空檔，作為駐在不變異的實相，那是你生命真實的本質，係藉著探究醒夢睡三境，而獲得堅定的信念。

問：我能隨心所欲，停留在睡境，不論多久，一如我在醒境嗎？悟者對三境的體驗為何？

尊者：眠息也存在你的醒境裡，甚至現在你就是在眠息中。那是要有意識地進入而深入當下的醒境，並不是真的在出入其間。在醒境中眠息之明覺，乃眠之醒，那是三摩地。

未悟者無法維持長久的眠息，因為他的本性迫使他萌起。他的自我，並未死亡，便會一而再地萌起，但悟者在源頭上粉碎這個自我。悟者可能被其今世業報所迫，他的自我有時或許萌起，亦即在悟者的身上，就外在的今世業報以觀，他似乎存留著自我，一如未悟者為然。然而，這裡有個重大的區別，未悟者萌起自我（除非在深睡中，否則不會消退），是絲毫不知道它的源頭。換言之，未悟者在他的夢醒兩境中，並未覺知道他的眠息。反之，在悟者這方面，自我的萌起或存在，僅是表面的。不論所萌起或存在的自我之表象為何，他始終安享著他無間而超越的體驗，並且始終專注在那個源頭，而這樣的自我是無傷的，好像是繩子燒燬後的枯繩，徒具形狀，但已無法捆綁東西了。由於一心專注在源頭，自我便消融在那個源頭，一如鹽製玩偶，溶解於海中。

問：耶穌釘在十字架上的涵義為何？

尊者：那個身體是十字架，人子的耶穌是自我，或「我是身體」的觀念。當人子被釘在十字架上，則自我滅失，而存留者，乃是絕對存在。這是榮耀的真我、基督（神的兒子）的復活。

問：但是，要如何解讀釘在十字架呢？畢竟那是可怕的殺人罪行。

尊者：每個人都在犯下自殺的行為。那個永恆幸福的自然境地已被這個無明的生命扼殺了。就是這樣，現行的生命在殺害永恆而正面的存在。難道這不是真的在自殺嗎？所以，為什麼要擔心殺害呢？

問：室利·羅摩克里希那（Sri Ramakrishna）說，入定於無分別三摩地，不可超過二十一天。若持續下來，則那個人會死亡。這是真的嗎？

尊者：若今世業力耗盡，則自我將全然融解，了無殘痕，這是最後的解脫。除非今世業力耗竭，否則在此身存世的解脫者身上，其自我仍可能會萌現。

第六章

了悟真我

問：我如何獲致了悟真我？

尊者：了悟並非獲得新穎的某物，它已然在此。所務要的，是擺脫「我尚未了悟」的觀念。靜止或平靜，即是了悟。真我無時非是，只要有質疑或感覺未了知，則必須要排除這些念頭，這是由於把非真我認同為真我。當非真我消失不在，則真我獨然存在。要有空間，移除障礙物，便為已足。空間不是從外地搬進來的。

問：因為了悟必須是滅盡習性，那麼我又如何去了悟那個習性已滅的境地呢？

尊者：你現在就在那個境地了！

問：這就意謂藉著掌握真我，則習性一萌起，便被消滅了嗎？

尊者：若你如如其在，則它們會被消滅。

問：我如何抵達真我？

尊者：沒有所謂抵達真我這回事。若可以抵達真我，則意味著真我不在當下，而須前去獲得。所新獲得的，也終將失去，所以並無永恆性。若非永恆，則不值得費盡心力去求取。故我說真我不是抵達而得到的。你就是真我了！你已經是「那個」了。

事實是你昧於你幸福的境地，那是無明遮蔽了幸福的純淨真我。所有的努力，只是在除去那個錯誤知見的無明知遮蔽。錯誤的知見，指誤將身體心思等認同為真我。這個錯誤認同，必須除去，然後真我才會獨然而在。因此，每個人都是了悟的。了悟在修行者之間，都是一樣的。不論你是否了悟，就是這個「我尚未了悟」的質疑及概念，其本身都是障礙，務要排除這些障礙。

問：三摩地有何用處，當時的思維還在嗎？

尊者：三摩地本身，能揭露真理。思維遮蔽了實相，所以在三摩地之外的境地，是不了知的。在三摩地裡，只有「我在」的感覺，而了無思維。「我在」之體驗，乃是其「在」之靜止。

問：我如何能夠一再體驗三摩地，或者體驗我此時獲致的靜止境地？

尊者：你此時的體驗，是你覺知到你自己的真我，感受那個氛圍而來的。你能夠自外於那個氛圍嗎？但那個體驗時有時無，要長久處在這個境地，修練是必要的。

問：有時我突然有一道閃現的鮮明意識，它的中心在正常的我身之外在，但似乎又涵蓋著一切。若我們不論及哲學上的概念，那麼，對於那些罕見的閃光，尊者又如何教導我去致力於獲取、保有及擴展它們呢？這種體驗的靈修，是否涉及到退隱？

尊者：我身之外在！裡面或外面，是從誰的角度來看的呢？這些東西，都是有主體及客體的存在才會有的。這些內外二者，又是誰的呢？在探究下，你會發現，它們都融入於本體而已。去看那個主體是誰，這樣的探究便會引導你朝向主體之外的純淨意識。

那個正常的我身，乃是心思，這個心思，有其局限。但純淨的意識，超越局限，能藉著探究而獲致，一如前面所言。

所謂「獲取」：真我始終在那裡，你僅是除去阻礙真我發露的遮蔽。

所謂「保有」：一旦你了悟到真我，它便成為你直接的及身體驗，永無落失。

所謂「擴展」：真我並無擴展，因為它如如其是，沒有內縮或外擴。

所謂「退隱」：駐在真我，乃是獨處。因為真我之外，別無他物。退隱必然是從某地或某境，到另一處，而除卻真之外，並無一物或他物。一切皆是真我，退隱是不可能的，也無法想像的。

靈修只是防止其內在的平靜受到干擾，不管你是否在持行靈修，你始終處在你自然的境地……，你如如其在，而毫無疑問或困惑，那是你的自然境地。

問：某人了悟到三摩地，不也同時獲致神通嗎？

尊者：其人為了展示神通，勢必有他人來認知其神通，此即意味著展示神通之人，不具有真知，因此，神通一點都不值得考慮。獨在的真知，乃是目標，而須獲致。

問：我的了悟對別人有助益嗎？

尊者：是的。那是你對別人所能提供的最佳助益。那些發現偉大真理的人，都在其真我的平靜深淵處，在幫助別人。但是，其實並沒有「別人」在被幫助，因為悟者只看到真我，正如黃金工匠在評估各式珠寶鑲飾的黃金時，只看黃金而已。當你把身體認同為你自己，則名字與相貌便在那裡，但你超越了身體意識，那麼 別人 就不見了。一位悟者，看待世界，不會有別於他自己。

問：聖者雜於民眾，豈不更佳？

尊者：對悟者來講，並沒有「別人」可以雜於其間。那個真我，乃是唯一實相。

問：我不應該去協助這個苦難的世界嗎？

尊者：那個力量，創造了你，也同樣創造了這個世界。若它能照顧你，則它也能照料這個世界……若神已造就了這個世界，那麼照料世界，是祂的責任，而不是你的責任。

問：難道成為愛國者，不是我們的責任嗎？

尊者：你的責任，是如如其在，而不是去成為這個或那個。「我是那個我在」

（I AM THAT I AM）總結全部的真理，其辦法歸納在「保持靜止」。

那個靜止是什麼意思呢？它意味著「滅除你自己」，因為每個名相，都是問題的根本。「我─我」乃是真我，而「我是這個」，就是自我。當我以「我」而如如其在，那就是真我。若它突然轉變，而說「我是這個或那個」，那它就是自我。

問：那麼，神是什麼？

尊者：真我就是神。「我在」即是神。若神有別於真我，那麼祂是沒有真我的神，這豈不荒謬。了悟真我所務要的是，保持靜止。還有什麼比這樣更容易的呢？因此，真知之知，是最容易獲致的。

第七章

上師及其恩典

問：上師的恩典是什麼？恩典是如何引領人了悟真我？

尊者：上師即是真我……人有時對其生活，有諸多不滿，他對自己的現況所有，不甚滿意，於是藉著向神禱告，尋求滿足其所欲。他的心漸純淨後，渴望知道神，俾獲得祂的恩典，有甚於俗世欲望。然後，神的恩典開始顯現，神化身為上師，出現在信徒面前，教導他真理，甚至與之為伍，淨化他的心。信徒的心，乃增強力量，能夠內返；他又藉著冥想，進一步純淨其心，保持平靜，而無擾動，那樣的平靜自在，就是真我。

上師既是外在的，也是內在的。他將你的心思，推入你的內在，又在你的內在裡，把你的心思，拉向真我，協助你平靜此心。這就是上師的恩典。神、上師、恩典，並無分別。

問：通神協會（Theosophical Society）的成員持行冥想，以便尋求師父指引他們。

尊者：師父是內在的。冥想意味著擺脫師父是外在的這個觀念的無明。若他是一位你在等候的外在之人，則他一定也會消失不見。像這種短暫性的東西，又有何用呢？但是，一旦你認為你是個分離的個體，或你是這個身體，那麼你仍需要一位「外在」的師父，而他以人身相而呈現。當把身體認同是自己的錯誤止息了，你就會發現，那個師父實無異於真我。

問：上師能經由點化等儀式，來幫我們知道真我嗎？

尊者：上師握著你的手，在你的耳邊輕聲細語嗎？你可能想像他跟你一樣，因為你認為你有個身體，所以他也有其身體，可為你做些什麼看得到的事情，然而，在靈性的領域裡，他的工作是內在性的。

問：如何尋找上師？

尊者：神是內在的，其恩典對鍾愛的信徒，慈悲憐憫，乃根據信徒的資質程度，化身呈現。信徒認為祂是個人，便期待信徒與師父這兩個身體的互動關係。但是，上師是神或真我的顯化，從內在而運作，協助人們看到自己行事的錯誤，並指導他們步上正確的道路，一直到他了悟到他內在的真我。

問：那麼，信徒應該怎麼做？

尊者：他只要奉行師父的教導，並在內在用功。師父既是內在的，也是外在的。他創造境況，驅使你向內，同時準備在「內在裡」拉著你來到中心。因此，他從外在推你一把，並且從內在拉進來，以便你能固定在中心。

你認為你可以用你自己的力量，來征服這個世界，但當你在外在的事為上，受到挫折而被驅使返向內在時，你便感覺到「喔！有個力量，高於人類！」自我便像是一隻強而有力的大象，無法被稍低於獅子的力量所制伏，在此事例，獅子是指上師，他的當下凝視，便能使有如大象的自我，為之戰慄而滅亡。

在適當的時機，你將會瞭解，你的榮耀在於你存在之滅息，然後，師父看到你在適格的現狀，可以接受指導，便指引著你。

問：上師對人，既無點化，也無明顯的作為，他的靜默，會比他的言語，更有力量嗎？這樣的靜默是如何勝過研讀經典的？

尊者：靜默是最強而有力的施為，經典無論如何廣博有力，其效能終究會落空。上師清明寧靜，恩典無不遍在。這種靜默，比起一切經典之總匯，更為宏大而有力。

問：但是，信徒能得到幸福嗎？

尊者：信徒把自己臣服於（交付給）師父，其意義是他已不再保留絲毫的個體了。若是全然臣服，則一切我之感知，蕩然無存，那麼就不可能有愁苦或悲傷。

永恆的存在，就是幸福，其蒞臨，是為天啟。

問：我如何獲得恩典？

尊者：恩典即是真我，那也不是被獲得的，你只須要去知道它的存在。

太陽只是耀明而已，就看不到黑暗，但你所說的黑暗是太陽前來，而它溜走。信徒的無明，也是這樣，有如黑暗的幻相，消失在上師的觀視中。你是置身在陽光的籠罩裡，若你要看太陽，就必須朝它的方向去看它。恩典也是一樣，雖然它在當下，但你要去找它，就必須用合適的方法去接近。

問：恩典無法加速尋道者靈性的成熟嗎？

尊者：把一切都交給師父，你毫無保留地臣服於他。

有兩件事，二者之一，必須做到：你自己臣服（交出），因為你知道你是無能力的，需要至上大力來協助你；或者你探究愁苦的根由，深入到源頭，並融入於真我。這二者之一，都能使你免除愁苦。神或上師不會棄絕一個已經臣服的信徒。

問：向上師或神伏身行禮的意義為何？

尊者：伏身行禮象徵自我消退，意味沒入於源頭。神或上師不為外在的跪拜、磕頭及伏身在地面所欺騙。他在看那個自我是在或不在。

問：尊者可否給我一些您葉片上的聖食當作您恩典的標誌？

尊者：進食而了無自我的念頭，則你所進食者，皆是尊者本人的聖食。

問：識字之人，是否較有資格開悟，而無須上師的恩典？

尊者：甚至飽學之士，都必須在不識之無的聖者面前鞠躬致敬。文盲是無知，但教育是有學問的無知。二者對真理的目標而言，都是無知的。聖者的無知，是在不同的層次。他的一無所知，是因為對他而言，並沒有「別人」。

問：獻上禮物給上師，不是能夠得到上師的恩典嗎？所以，訪客前來，都呈獻禮物給尊者。

尊者：他們為何要帶禮物來呢？我要這些東西嗎？我若拒絕，他們就把禮物硬塞給我！為了什麼呢？難道不是放餌給魚，來釣魚嗎？釣魚者是在擔心餵魚的餌嗎？不，他是在擔心他能否餵到那隻魚！

問：通神協會的觀念認為，獲致解脫之前，必須給予一連串的點化啟引，這是真的嗎？

尊者：在今世獲得解脫之人，其前世必須歷經所有的點化啟引。

問：通神協會說，悟者死後，必須選擇四、五種工作，但不必然是在這個世界上。尊者的看法如何？

尊者：有些悟者會從事於工作，但並不是全部的悟者都這樣。

問：你是否覺知到無形的仙人對你的友誼呢？

尊者：若是無形的，你又如何能看到他們呢？

問：在意識裡。

尊者：在意識裡，就無任何外在可言。

問：我能認出他們嗎？

尊者：若你能了知你自身的實相，則仙人及師父們的那個實相，你也能一清二楚。師父只有一個，那就是真我。

問：輪迴轉世，是真實的嗎？

尊者：只要有無明存在，則輪迴轉世，就會存在。

問：一位瑜伽行者，能知道他的前世嗎？

尊者：你知道了今世嗎？所以你也想要知道你的前世嗎？先知道今世，其餘的，就順理成章。甚至說，今世我們有限的知道，就使我們如此受苦，為什麼還要承受更多的知道呢？這豈不是有更多的苦嗎？

問：尊者運用神祕的力量，來使人了悟真我，或者尊者悟道，此一事實，便為已足？

尊者：了悟真我的靈力，遠遠勝過所有祕法力量的運作。因為聖者了無自我，對他而言，並無「他人」可言。能夠給予你的最高利益是什麼呢？那就是幸福，而幸福是與生俱來的平靜。平靜只有在內心沒有騷動的情況下，才能掌握，而騷動是由於心思裡萌起的思維念頭所致。當心思本身蕩然不在，那就會有完美的平靜。除非其人滅盡心思，否則他無法獲得平靜而快樂。並且，除非他本人是快樂的，否則他無法給予「別人」快樂。既然，無論如何，對於了無心思的聖者來講，並無「別人」可言，所以，他的了悟真我，僅僅這件事實本身，便足以使「別人」快樂。

第八章

平靜與幸福

問：我如何得到平靜？我藉著探究，似乎無法獲得平靜。

尊者：平靜是你生命自然的境地，那是心思在擾亂自然的境地，而你的探究，僅是在心思上持行而已。去探究那個心思到底是什麼，它就會消失。心思能離卻思維嗎？沒有這種事。因為思維一萌現，你便加以揣度，並賦名為心思。但當你深入去看，你就會發現並沒有心思這種東西。就這樣，心思消失了，而你了知到那個恆在的平靜。

問：透過詩歌、音樂、持咒、拜讚、美麗的景色、吟唱靈性詩頌等，人有時體驗到萬物一體的真正境地。這種深沉的幸福平靜之感覺（此時個人我已不存在），是否與尊者所言的進入本心相同？這樣的修練，會朝向深沉的三摩地，因此最後會有實相的全幅視野嗎？

尊者：心思上若有可悅之事物，就有幸福感，那個幸福，本來就內具於真我，除此之外，並無幸福可言。況且，它不是外來的，也不是遠在天邊。當你在某些場合，感到愉悅時，你是沉入在真我之中，但是，那些場何所連結的相關概念，卻偷偷地置入於你的心思，使你認為幸福是在某事物或某事件上，其實，幸福就在你的內在裡。在那些場合裡，你是無覺知地沉入於真我。若你帶著信念，有覺知地沉入真我，則你與真我契合而體驗之來臨，無疑就是真我、就是唯一實相，而你稱之為了悟。我要你有覺知地沉入真我，亦即沉入本心。

卷二

第一章

探究真我

問：我如何了悟真我？

尊者：誰的真我？去找出來。

問：我的，但我是誰呢？

尊者：你自己要去找出來。

問：我不知道怎麼找。

尊者：只要細審這個問題，是誰在說「我不知道」？在你的說詞中，那個「我」是誰呢？到底是不知道什麼呢？

問：我所不知道的某人或某物。

尊者：那個某人是誰？在誰裡面？

問：可能是某種力量。

尊者：去找出來。

問：為何我被出生來？

尊者：是誰在出生呢？這個答案，跟你所有問題的答案都一樣。

問：那麼，我是誰呢？

尊者：（微笑）你是來考我的嗎？你必須自己說你到底是誰。

問：不論我怎麼努力去找，我都無法抓到那個「我」，它並不是那麼清楚可以察覺。

尊者：是誰在說那個「我」是無法被察覺的？難道你有兩個「我」，一個我無法被另一個我察覺到嗎？

問：姑且先不探究「我是誰？」，我能否自問「你是誰？」，因為我全心一意在你身上，視你為人身上師的神？或許這樣的參問，會比我探究「我是誰」，還能接近探究的目標。

尊者：不論你採取什麼樣的探究，最後你必須來到那個「我」，亦即真我。「我」與「你」、師父與門徒等一切的區別，都只是無明的徵狀。「我—至上」獨然其在。其他所思及者，是在迷妄自己。

在《往事書》中有一則聖者梨布與其門徒尼達加的故事，在此議題上饒富教導意義。

雖然梨布對門徒教導獨一無二的絕對無上真理，而尼達加也有其明智與理解，但他仍無法完全相信而採行真知的法門，於是他回到家鄉，過著恪遵宗教儀行的生活。

然而，聖者眷愛門徒之深，一如門徒敬愛師父，儘管梨布年事已高，仍親自前往他的門徒居住的城鎮，去看看這位門徒恪遵儀行的進度情形為何。有時聖者喬裝前去觀察尼達加的行事，而門徒對師父的明查暗訪，並不知情。

有一次，梨布喬裝成一名鄉野的村夫，看到尼達加正專心注視著一列王室的隊伍行進，便前去向尼達加詢問這麼熱鬧的場合是怎麼回事，尼達加沒有認出這是梨布，對這位村夫回答說那是國王在出巡。

「喔！那是國王，他在行進的隊伍中。但是他在哪裡呢？」村夫問道。

「那裡啊！在大象上面。」尼達加說著。

「你說國王在大象上面。是的，我看到有兩個，」村夫說道：「但是哪一個是國王，哪一個是大象呢？」

「什麼！」尼達加大叫著：「你看到兩個，但你不知道，在上面的那個人是國王，在下面的動物是大象嗎？跟你這種人講這些，又有啥用呢？」

「請不要對我這種無知的人，不耐煩，」村夫哀求道：「但你說『上面』、『下面』，那是什麼意思呢？」

尼達加再也按捺不住了，「你看到國王和大象，一個在上面，另一個在下面。你要知道『上面』、『下面』的意思是什麼？」尼達加爆口而出，「若看到的東西，和說出的話，你都不懂，那麼只有行動能夠教導你，跪下來，你就能看得一清二楚。」

村夫依其所言，尼達加便騎在他的雙肩上，說道：「現在，知道了吧！我在上面，就像國王，你在下面，就像大象。這樣夠清楚了嗎？」

「不，還沒有，」村夫平靜地答道：「你在上面，就像國王，我在下面，就像大象。『國王』、『大象』，『上面』、『下面』，目前很清楚，但請你告訴我，你對『我』和『你』的定義，作何解釋呢？」

尼達加突然被問到「我」和「你」的定義，這一個大哉問讓他頭腦為之清明，即刻跪拜在他這位師父的腳下，說道：「除了我敬愛的師父梨布您之外，還有誰能把我的心智從物身的膚淺存在，拉到真我的真實存在呢？喔，仁慈的師父，我懇求您的祝福。」

因此，當你的目標，在透過探究真我，而當下超越這些物身存在的膚淺時，那麼還有什麼空間能夠區分「你」「我」呢？那不過是涉及軀體而已。若你心思返向內在，尋找思維的源頭時，「你」是在哪裡呢？「我」又在哪裡呢？

你應該去尋找，並且存在於那個囊括一切的真我。

問：但是，「我」去尋找「我」，這豈不奇怪嗎？難道不是探究「我是誰」，終究流於空洞的形式嗎？或者，我不停地問自己這個問題，不斷重複，好像持咒一樣嗎？

尊者：探究真我，當然不是空洞的形式，也不是咒語的持誦。若探究「我是誰」，僅是心思上的質問，則是沒有什麼價值。探究真我的真正目的，是在全心專注在心思的源頭。因此，它並不是一個「我」去尋找另一個「我」的事情。

探究真我絕不是一種空洞的形式，因此它涉及整個心思的強烈運作，俾使之平靜而貞定在純粹的真我明覺中。

探究真我是絕對正確的行法、唯一直接的途徑，能了知你本身既有的絕對存在。

問：為何唯獨探究真我被視為是獲致真知的直接行法？

尊者：因為除了探究真我之外，其他的每一行法都預設保有心思，以之作為持行修練的工具，況且若無此心思，則無法修練。在修練的不同階段中，自我呈現不同而精微的情態，但仍未被消滅。國王賈納卡說：「現在我知道那個一直在折磨著我的小偷，我當場就要處理它。」這位國王指的是自我或心思。

問：但是小偷或許可以用其他的行法，加以逮捕。

尊者：除卻探究真我之外，採用其他的行法，試圖消滅自我或心思，則猶如小偷冒充為警察，前去尋捕小偷，而警察本人，即是小偷。唯獨探究真我能揭露自我與心思皆非實質存在的真相。而使人了知那個純粹、無分殊的真我或絕對之存在。

已然了悟真我，則無物存在要去知道，因為它是圓滿的幸福、它是一切。

問：這個生命，囿於局限，我能了悟到真我的幸福嗎？

尊者：那個真我的幸福，時常在你左右，若你熱誠尋找，你會找到它。

你愁苦的原因，不在於你生命的外在，而是你內在的自我，你對自己，加以設限，然後費盡徒然的努力，想要超越它們。所有的不幸幅，皆由於自我；有了自我，你的愁苦就來了。愁苦實因內在所致，將之歸咎於外在事件，對你究有何助益呢？從你外在的事物，你能得到什麼幸福呢？若你得到，又能維持多久呢？

若你拒絕自我，並藉著漠視它，而燒除它，你將會自由。若你接受它，它將在你的身上，加諸限制，把你扔進徒然的掙扎，妄想超越它。那就是小偷如何「折磨」國王賈納卡的情況。

存在於你實然的真我，乃是唯一的方法，以了知那個始終是屬於你的幸福。

問：在尚未了悟到真我獨在的真理之前，難道我不應採行虔愛與瑜伽的法門，較之探究真我，更適合修行的目標嗎？對一個凡夫如我，了悟生命的絕對存在，亦即至上之知，似乎不易獲致，不是嗎？

尊者：至上之知，並非是有個知識，你去獲取它，你便得到幸福。它是指你必須屏棄你無明的視野，而那個你去尋找而要知道的真我，其實就是你自己。你自以為是的無明，引生你不必要的憂苦，就好像第十個傻瓜在哭泣第十個人「不見了」一樣，但其實他從未不見。

寓言中的十個傻瓜，涉水渡河，抵達彼岸後，要確知十個人是否都安全上岸。十人中之一人，便開始數算，但他一直數算別人，卻遺漏了自己，「咦，怎麼只有九個人？的確我們少了一個人。怎麼辦呢？」他說著。「你算對嗎？」另一個人問道，然後他自己再算一遍，也只有九個人。其餘的人，依序輪番再數算一遍，算來算去，也都只有九個人，但都少算了自己。「我們這裡只有九個人。」大家看法一致，「但是到底是少了誰呢？」他們彼此問道。每個人都很努力地找尋那個不見的人，但都找不到。「不管是誰，他一定在河裡溺斃了。」十人中最敏銳的人說道：「我們失去他了。」

說著，他便哭了起來，其餘的九個人也跟著哭了。這時，有位旅人路過，看見岸上哭泣的情景，十分同情，上前詢問緣由。他們敘述原委，並說他們數算了好多遍，人數最多只有九個。旅人聞後，看到明明有十個人站在他前面，便知曉箇中蹊蹺了。為了讓他們知道他們十個人都已安全渡河上岸了，他告訴他們：「現在我要輪流揍你們每個人一拳，你們依序報數一、二、三等，每人只能報數一次，以便確定每個人都有算到，這樣第十個人就會找到。」眾人聽到能夠找回失去的同伴，便高興地接受旅人的建議。

於是，旅人輪番揍了每個人一拳，最後一位挨揍的人報數為「十」時，大家彼此相視，感到莫名其妙。「我們是十個人！」眾人異口同聲喊道，並對旅人解除他們的憂苦，稱謝不已。

在這則寓言中，第十個人是怎麼湊進來的？他可曾不見嗎？知道了他們一直都在那裡，他們又學到了什麼新的東西嗎？他們憂傷的根本原因，並不是十人中的誰真的不見了，而是他們出於無明，寧願相信有人不見了（雖然不知道是少了誰），只因為他們算來算去只有九個人。

這個事例，也適用在你身上。其實，你並沒有理由憂苦或不快樂。你自己在你無限存在的真實本質之生命上，自加設限，然後你哀泣你的生命有限，然後你又採行這個或那個的修行，以便越過本來就不存在的設限。若你的修行，已設定了這個局限的存在，那麼它又如何能幫你越過這個局限呢？

因此，我說了知你已然是那個無限、純粹的存在、真我的絕對。你自始至終就是那個真我，除了真我之外，並無其他。因此，你是無法昧於真我的，你的無明，僅是表面上的無明，就向十個傻瓜少了第十個人的無明一樣；就是這個無明，使他們悲傷哭泣。

因此，瞭解了真正的知並不是你創造了一個新的存在，而僅是除去了你的「無明的無知」。幸福並非加之於你的本質，它僅是揭露了你真正且自然的境地，那是永恆而不滅的。驅除你的悲傷之唯一方法，乃是了知真我，並且存在於真我。這又怎能說是無法獲致的呢？

第二章

修行與恩典

問：自古以來，人一直探索神，有最後的定論了嗎？

尊者：（沉默半晌）

問：（思索著）請問尊者的靜默，我應解釋為是對我問題的答覆嗎？

尊者：是的。靜默是神（伊濕瓦若）之實相，因此，經文有云：「至上絕對之真諦，乃是透過靜默之感召而宣示。」

問：據說佛陀不回應神的相關探討。

尊者：而且他還因此被稱為是虛無主義者。事實上，比起在學理上探討神，他更關注在指引尋道者去瞭解當下的幸福。

問：神被描述為顯相的及未顯相的。若把神描述為顯相，也會說祂把這世界當作祂存在的一部分。若真是如此，我們作為這世界的成員，理應輕易就知道祂的顯相。

尊者：在探尋神及世界的本質之前，先了解你自己。

問：了解自己，是否就必然會認識神？

尊者：是的，神就在於你裡面。

問：那麼，那是什麼阻礙了我了解我自己，無法認識神？

尊者：是你馳逐的心思及其曲解。

問：我是一個弱者，為何我內在的上主之大力不能排除障礙呢？

尊者：是的，祂會的，若你有志氣的話。

問：為何祂不在我的內在裡開創出這個志氣呢？

尊者：若要這樣，則你要臣服。

問：若我臣服的話，那就不須向神禱告了嗎？

尊者：臣服本身，就是強而有力的禱告。

問：在我臣服之前，難道不用先了解祂的本質嗎？

尊者：若你相信神會做你要求祂去做的一切事情，那麼你就臣服於祂；否則的話，且莫管神，先知道你自己。

問：神或上師會關心我嗎？

尊者：若你尋求二者之一（但其實並非兩個，而是同為一個），則可確定的是，他們關心你，遠遠超過你能想像的程度。

問：耶穌曾說過遺失錢幣的寓言，那個婦人在找尋錢幣，直到找到為止。[3]

尊者：是的。那個寓言適切地表示了一項真理：神或上師都一直在尋找熱誠的尋道者。那塊錢幣若是假的，婦人也不會花那麼長的時間去找尋。你看出箇中的涵義嗎？尋道者必須歷經虔愛奉獻等，而使自己成為有資格被找尋的人。

問：但是人可能無法十分確定那是神的恩典？

尊者：若其人之心智是不成熟的，則無感於祂的恩典，但這並不意味神的恩典是不存在的，因為若是如此，則也隱含著神有時並不慈悲，那麼祂就不是神了。

問：這是否就是基督所言：「照著你們的信，給你們成全。」[4]

尊者：正是這樣。

問：《奧義書》說，唯獨了知真我之人，被真我所選擇。為何都是真我在選擇呢？若真我有所選擇，為何是選取某些特定的人呢？

尊者：太陽升起時，僅有一些蓓蕾獨自綻放，但並非全數皆然。你要因此而責怪太陽嗎？但是蓓蕾無法自行綻放，它需要陽光的運作。

問：我們可否不說真我的協助是必要的，因為它在其自身上撤下了幻相的遮蔽？

尊者：你可以這樣講。

問：若真我在其自身上覆以遮蔽，難道不是它自己要除去那個遮蔽嗎？

尊者：它會做的，但要問那個遮蔽是誰的。

問：為什麼是我的呢？讓真我自己除去那個遮蔽！

尊者：若真我在說那個遮蔽，那麼真我自己會除去它。

問：神是個人物嗎？

尊者：是的。祂總是首位的人物，那個我始終站在你的面前。因為你把世上各種事物擺在前面，祂便退居為背景。若屏棄其他的一切，單獨去找尋祂，祂便孑然以我，亦即真我而在焉。

問：根據不二一元論的說法，了悟的最後階段，乃是與神的絕對結合，而有限一元論（Visishtadvaita）的說法是有限度的結合，但二元論認為完全無結合可言。這些觀點，孰者為是？

尊者：為何要去猜測未來某個時段將發生的事情呢？「我」存在，乃眾議僉同。不管所屬的學派為何，讓這位熱誠的尋道者先去找尋那個「我」是什麼，那麼他將會有充裕的時間去知道最後的階段是什麼，不論那個「我」是融入於至上存在，或者跟祂是分離的。讓我們莫先預設結論，但保持心智敞開。

問：但對於修道者而言，瞭然一些最後的境地，會是一項有助益的指引，不是嗎？

尊者：現在就斷定了悟的最後境地為何，是沒有意義的，其本身並無價值。

問：為什麼是這樣呢？

尊者：因為你在錯誤的原理上運作。你的思索依賴在心智之上，而心智得以顯發，是因為真我的光照。若心智對部分真我的呈現，加以論斷，這難道不是僭越冒犯嗎？更何況心智是憑著真我之光微微散布其上，才得以存在著呢。

心智永遠無法邁抵真我，它又如何有能力去探索並斷定了悟的最後境地呢？這就好像拿蠟燭發出的燭光亮度，去度量太陽本源的光；只是在蠟燭一靠近太陽之時，便已融化了。

與其熱中於猜測揣度，不如投身當下，致力探究始終在你內在的真理。

3 「或是一個婦人有十塊錢，若失落一塊，豈不點上燈，打掃屋子，細細的找，直到找著麼？找著了，就請朋友鄰舍來，對他們說，我失落的那塊錢已經找著了，你們和我一同歡喜吧。我告訴你們，一個罪人悔改，在神的使者面前，也是這樣為他歡喜。」——《路加福音》第十五章第八—十節

4 《馬太福音》第八章第十三節

第三章

悟者與世界

問：悟者感知這個世界嗎？

尊者：這個問題，是誰提出這個問題？是悟者，還是未悟者？

問：我承認是未悟者提出的。

尊者：難道是這個世界在決定它的真實性這個議題嗎？你內心起質疑，當下要先去知道那個質疑者是誰，然後你才思考這個世界是否是真實的。

問：未悟者觀看這個世界，並知道世上萬物，進而感知有其觸覺、味覺等。悟者對世界的感覺體驗，也像這樣嗎？

尊者：你談到觀看並知道這個世界。但若不知道你自己這個主體（沒有了這個主體，就沒有物見之知），你怎能知道這個世界，亦即所知萬物的本質呢？無疑的，物見影響了身體及感知器官，但是那是你的身體在提起質問嗎？那是身體在說：「我感覺有個東西，它是真的。」嗎？或者這個世界在對你說：「我，就是這個世界，是真實的。」嗎？

問：我只是想要瞭解悟者對世界的看法而已，悟者在了悟真我之後，是否還感知這個世界？

尊者：為何你要擔心這個世界，以及了悟真我後，會有什麼事發生呢？首先，務要了悟真我，至於是否感知這個世界，又有什麼關係呢？你睡覺時，對這個世界並無感知，當時你又得到什麼來幫你回答問題呢？而現在你感知到這個世界，你又喪失了什麼呢？對悟者或未悟者來說，是否感知世界，並不十分重要。二者皆觀看世界，但彼此觀點有別。

問：若悟者與未悟者所感知的世界，是這樣的態度，那麼他們之間，到底有何區別？

尊者：悟者觀看世界時，他看到萬物底蘊的真我。未悟者不論是否觀看世界，他昧於他的真實存在的真我。

舉放映電影時，往來的圖像在銀幕上為例。電影未放映時，在你面前的是什麼？僅是一幅銀幕而已。放映時，你看見整個電影在銀幕上，所呈現的圖像皆是真實的。但是前去把捉它們，你能捉得到嗎？僅僅是銀幕而已，但所呈現的似乎如此真實。放映完畢後，圖像就消失不見了，留下來的是什麼呢？又是一幅銀幕而已！真我也是這樣。那個獨然其在，而景物來來去去，若你掌握真我，你就不會被呈現的景物所欺騙。未悟者昧於真我，認為世界是真實的，就像他昧於銀幕，所以他只看到圖像，好像圖像與銀幕是分開的。若人能知道，沒有觀者，就沒有被觀之物，正如沒有銀幕，就沒有被看的圖像，那麼此人就不會被欺騙，而悟者了知那個銀幕、圖像及其所觀視，都只是真我，而圖像乃是真我自身之顯化呈現，若無圖像，則真我保留其未顯化狀態。對悟者來講，真我是否顯化呈現，一點都不重要。他始終就是真我，但未悟者看見悟者有顯化的活動，就感到困惑了。

問：就是這個看法促使我先前提出的第一個問題，亦即了悟真我之人對世界的感知，是否跟我們是一樣的，若是一樣，那麼我想知道尊者對昨天照片神祕地消失的看法為何……

尊者：（微笑）你是說馬杜萊（Madurai）神廟照片的事。幾分鐘之前，這張照片還在訪客的手中傳閱。顯然地，照片被錯置在某一本他們在參考的書冊裡。

問：是的，那是意外。尊者是如何看待這件事？大家都焦慮地找尋這張照片，最後也沒找到。尊者是如何看待這張照片在正需要的時候，卻神祕失蹤了？

尊者：假設你做夢，在夢境中你帶著我前去遙遠的波蘭這個國家。你醒來後，向我問道：「我夢見這樣、這樣，而你是否也有同樣的夢或其他的方式，夢見我帶你去波蘭嗎？」你執著於這樣的詰問，又有什麼意義呢？

問：但是，關於遺失的照片，整件事情卻都在尊者面前發生的啊！

尊者：看見照片、照片不見了，以及你目前的質問，都只是心思的運作。

《往世書》上有一則故事，說明了這一觀點。悉多（羅摩的妻子）在森林的住處不見了，羅摩四處尋找她，哭喊著：「喔，悉多，悉多！」據說，雪山女神帕爾瓦蒂與至上伊濕瓦若（濕婆的別名）在天界都看到森林中所發生的事。帕爾瓦蒂對濕婆驚訝以道：「你曾稱許羅摩是位完美的人物，但悉多失蹤時，他卻如此行徑而悲泣！」濕婆答道：「若你懷疑羅摩的完美，你可自己前去試探他。你可施幻術，將自己變成悉多的模樣，出現在他面前。」帕爾瓦蒂依言而行，以悉多的模樣，呈現在羅摩面前，但令她更驚訝的是，羅摩完全無視於她，仍然一直哭喊著：「喔，悉多！喔，悉多！」好像他的眼睛瞎了一樣。

問：我無法掌握這則故事的意涵。

尊者：若羅摩真的在找尋悉多的人身形相，那麼她失蹤後，又站立在他面前時，他會認出這個人。但其實不是這樣，在他的眼裡，失蹤的悉多與出現在他面前的悉多，同樣都是不真實的。羅摩並非真的眼睛瞎了，對一位悟者如羅摩而言，先前在林間住處的悉多、她的失蹤、接著他找尋她，以及帕爾瓦蒂假扮悉多而出現等，都同樣非屬真實。現在，你明白了照片遺失的看法了嗎？

問：我還不能說我很清楚瞭解。難道說這個被我們所眼見而感知的世界，在很多方面是好像一場夢幻嗎？

尊者：若你在尋找真理，而且是唯一的真理的話，那麼對你來講，除了接受世界是非真實的看法之外，你別無選擇。

問：為何這樣呢？

尊者：原因很簡單，除非你屏棄「世界為真實」的觀念，否則你的心思總是追逐著這個世界。若你視所呈現者為真實，則你永遠無法知曉那個真實的，雖然那個真實的，如如其在。這樣的觀點，類似「蟒蛇在草繩中」的解釋。一旦你看到蟒蛇，你就無法看到草繩，而那條本不存在的蟒蛇，對你來講是真實的，草繩卻似乎全然不在。

問：暫且接受世界究竟不是真實的，尚屬簡單，但要對世界並非真實具有信念，則極困難。

尊者：甚至你在做夢的時候，你也認為夢境的世界是真實的，只要是一直在做夢，則你在夢中所見所感等，概屬真實。

問：這麼說來，難道這個世界比起一場夢不會更加美好嗎？

尊者：你在做夢的時候，你對真實性的感知，有什麼不對嗎？在夢境時，你可以夢到某些十分離奇的事，譬如說，夢到跟一位已死亡的人聊天，正如你在夢境的當時，你可能會質疑自己，「他不是已死了嗎」？但你的頭腦總是會自行調適去對應那個夢中情景，而那個已死的人，在做夢的運作下，也會跟活的人一樣正常。換言之，做夢本身不會使你去質疑夢境的真實性，而你在醒境中對世界的體驗，也不會使你去質疑世界的真實性。心思又怎麼會接受「心思所造的世界並不真實」的說法呢？這是比較醒境的世界體驗與夢境世界之意義所在，二者皆是心思所造，一旦沉迷於其中之一，心思便無法否定做夢時的夢境世界，以及醒時的世界體驗。反之，若你從世界完全撤回你的心思，轉向內在，而在此安住，亦即你保持明覺於萬物底蘊的真我，則你將會發現，你現在所看到的世界並不真實，適與你在夢境所住的世界之為不真實，如出一轍。

問：正如我前所敘述，我們對這個世界之所觀、所感、所知，是如此的多樣不一，這些感知是對客觀物所觀所感等之反應，而皆非夢境之心思所造，況且那個夢境，人人各異，甚至同一人而有不同的夢。這樣的情形，難道還不足以證明世界的客觀真實性嗎？

尊者：這些對夢境世界之殊異及其屬性的看法，只有在你現在的醒時，才會提出來。當你在做夢時，那個夢境是渾然為一個整體的；這就是說，在夢境中，你感覺口渴，則那個夢幻的水所帶來的夢幻的飲，確實能解除你夢幻的渴。同理，在醒境亦然，你現在的感知，使你得以適應你的印象，來認為這個世界是真實的。

反之，若這個世界有其自身存在的真實性（亦即你所謂的客觀性），則為何你在睡覺時，它卻未能存在而彰顯出來？而你也不曾說在睡覺時，你是不存在的。

問：我在睡覺時，我並未否定世界的存在。這個世界，始終是存在的。若我在睡覺時，我沒有看到世界，但未入睡的其他人，是能看到世界的。

尊者：說你睡覺時，你是存在的，這還需要別人來向你證實嗎？現在，你為何要別人加以證明呢？那個「別人」（在你睡覺時）來告訴你看見這個世界，也只有你在醒時才能做到。但是關於你自己是存在的，則又是另一回事。你醒來時，你說你睡得很熟，因此在某個程度上，你在深沉的睡眠裡，是明覺不昧的，但那時你渾然不知世界的存在。甚至現在，你在清醒的時刻，這個世界有在說「我是真實的」嗎？或者那是你在說的？

問：當然，那是我在說的，但我是因世界而說的。

尊者：嗯，你說世界是真實的，那真是在騙你去指證它的真實性，而你卻昧於你自己生命的真實。

你要某些東西來支持世界是真實的說法，那個真實的判準是什麼呢？那個獨在乃是真實，以其自身而存在，從其自身而昭明，乃為永恆而無變異。

世界是以其自身而存在的嗎？若無心思的佐助，它能被看見嗎？在睡眠中，既無心思，也無世界。醒來時，則有心思，也有世界，這種始終同步運作，意味著什麼呢？你熟稔於邏輯歸納的法則，那是被視為科學調查的最基本原理，為何你不根據認定的邏輯法則，來判定世界真實性的這個問題？

至於你自己，你可以說「我存在」，此亦即你的生命，不僅是存在，而是你的生命是明覺不昧的「存在」。誠然，它是「存在」與「意識」同一也。

問：這個世界不必然能覺知其自身，但它是存在的。

尊者：意識始終是真我的意識。若你能覺知於萬物，則你是自身明覺的。非自身明覺的存在，在語意上是矛盾的，它根本就不存在，那只是屬性的存在而已；然而，真正的「存在」（*sat*），並非屬性，乃是自身實質，它是終極實質之真實（*vastu*），因此，實相被稱為「存在—意識」（*sat-chit*）。決不是有個事物，而排斥其他物。那麼，你又怎麼能說這一個世界是真實的呢？而這個世界的本質，又是什麼呢？它是永在變動、一個不斷而長往的遷異之流。一個有依附性、非自身明覺、永在變異的世界，不可能是真實的。

問：不僅西方的實證科學認為世界是真實的，吠陀經典也闡明世界及其起源的宇宙論述。若世界是不真實的，那麼為何他們都這樣論述呢？

尊者：吠陀經典的大旨，在教導你那個不朽滅的真我之本質，並以權威的口吻宣稱「你是那個」（Thou art That）。

問：我接受這個說法。但是，為何他們要長篇大論，描述宇宙呢？除非他們認為世界是真實的。

尊者：在你所接受的理論上，取其務實的部分，其餘的，置之一旁。經文指引各式各類的尋道者，他們心智的態樣，不盡相同。若有無法接受的經文部分，則不妨作為餘論的旁佐。

第四章

本心即是真我

問：尊者談到本心是意識之座位，等同於真我。本心究竟指的是什麼？

尊者：你提起有關本心的問題，此正因為你對尋找意識的源頭，感到興趣，對所有的深思者而言，探究「我」及其源頭，有其不可抗拒的吸引力。用任何的名字稱呼它，神、真我、本心或意識之座位等，皆同一也。要掌握的重點是，本心意謂人存在的核心，亦即中心，沒有了它，萬物皆無。

問：但尊者特別在身體上指出本心的位置，那是在胸膛上，從中央向右兩指幅處。

尊者：是的，根據聖者的見證，那是靈性體驗的中心。這個靈性的本心中心，迥異於血脈的肉體器官之謂。靈性的本心中心，並非身體上的某個器官。你所能說的本心，乃是你存在的當下真實核心。不論你是醒著、睡覺或做夢，也不論你在從事工作或入定於三摩地，它跟你同為一物（梵文裡字面上就是這個意思）。

問：若是這樣，那本心又怎能設限在身體上的某個部分呢？把本心固定在某個地方，是意味著對於超越時空的那個，加以生理上的限制。

尊者：話說得沒錯。但是提問者問到本心的位置，認為他自己是存在於這個身體上。現在有人提此問題，你只能說你的身體在這裡，但你能從別的地方來談它嗎？不，你接受了你身體的存在。就是從這個觀點，所以就談到身體上來了。

實在說來，純粹意識是無形的，並無任何分割。它沒有形狀與樣貌，無「內在」、無「外在」，也無「右邊」、「左邊」。純粹意識是為本心，囊括一切，無物能居於其外或自外於它。那個就是終極真理。

從這個絕對性的立場以觀，本心、真我或意識，不可能在軀體上有任何指定的位置。理由是什麼？軀體本身僅是心思的投射，而心思不過是輝耀的本心之微弱投射。能夠囊括萬物的那個，又怎能受限在身體的方寸之間呢？何況身體又不過是實相極其微小的顯化現象而已。

但是人不瞭解這個道理，他們不由自主的從這個身體及世界的角度來思考。例如，你說道：「我從喜馬拉雅山之外的我的國家，一路來到這個道場。」但這不是真相；真實的你，乃是遍在之靈，哪還有什麼「來到」、「去到」或任何移動呢？「你」就是如如其在，那是你的身體在移動或被載運從一地至某地，然後來到道場。

這是一個單純的真相，但對一個自認為是在客體世界中的主體人物而言，那就似乎顯得不可思議了！

於是，降低至一般人所能瞭解的層次，而說在身體上有個某處，被指為是本心。

問：那麼，我又如何能瞭解尊者所言，本心中心的體驗是位於胸膛上的某特定處呢？

尊者：一旦你接受了這個真正而絕對的觀點，亦即純粹意識之本心是超越空間與時間，則你在這個正確的角度上，將更輕易瞭解其餘的事情。

問：我只是在這個基礎上提出有關本心位置的問題，我要問的是尊者的體驗。

尊者：純粹意識完全不涉及身體，而超越心思是直接體驗之事。聖者了知其為無體的，且是永恆的「存在」，正如凡夫知其身體的存在一樣。但是，意識之體驗，得為身體的覺知與無身體的覺知。在純粹意識的無體之體驗中，聖者是超越時間與空間，故當時絲毫沒有本心位置的問題可言。

然而，因為身體離開意識，則不能（與生命）存活，故無體的覺知必須藉著純粹意識，才能維持。無體的覺知在本質上受限於純粹意識，也無法與之共存，因為純粹意識是無垠而永恆的。身體意識僅是純粹意識如微塵般的反映而已，聖者因為純粹意識而了知其真實身分。因此，對聖者而言，身體意識僅是一道因真我耀明所映照出來的光，而真我之耀明正是他自己的無垠之意識。就是這個道理，聖者覺知於他身體的存在。

因為在純粹意識為本心的無體之體驗中，聖者不覺於有其身，而那個絕對的體驗，是在他有了身體的覺察時，才在他身體的局限中，以某個回憶的感覺而被他確認出來。

問：像我這樣的人，既無本心的直接體驗，也無事後的回憶，這件事似乎不容易掌握。關於本心的位置，可能我們須要靠某些揣度猜測。

尊者：若人確認其本心的位置，須要靠揣測，則這個問題，就不值得去思考。不，它不是你要依靠揣測的，它是在你的毫無差錯的直覺裡。

問：那是誰的直覺？

尊者：那個人及全體。

問：尊者認許我具有本心的直覺之知嗎？

尊者：不，不是本心的，而是指跟你的身體有關的本心的位置。

問：尊者是在說，我可以靠直覺就知道身體上本心的位置嗎？

尊者：有何不可呢？

問：（指向自己）它是對我這個人，這就是尊者在說的嗎？

尊者：是的。那就是直覺！剛才你是用什麼手勢來提到你自己。難道你不是把你的手指放在胸膛的右邊嗎？那正是本心中心的位置。

問：所以，若無本心中心的直接之知，則我必須靠這個直覺嗎？

尊者：這有什麼不對呢？若有個學童說：「我算對了總數。」或者他來問：

「要我去拿書過來給你嗎？」他是手指著他算對總數的頭部，或者他跑去拿書的腿部嗎？不，在這個事例中，他的手指自然地指向胸部的右邊，在此對「我」在他身上的源頭這項深奧的真理，做了天真純潔的表述。這就是毫無差錯的直覺，使他用這個的方式，指向他自己，那是本心，亦即真我。這個舉動，十分自然而普遍，人人皆然。

討論本心中心在身體上的位置，還有什麼更有力的證據能強過這個呢？

第五章

本心的位置

問：但我聽到有位聖者說，他的靈性體驗是在眉心的位置。

尊者：正如我前面所言，那個終極而圓滿的了悟，是超越主體與客體的關係。若臻此成就，則靈性體驗所感覺的位置，便無關緊要了。

問：但問題是，這兩個位置的看法，哪個是正確的，亦即（一）靈性體驗的中心位置在眉心，（二）在本心。

尊者：基於修練的目的，你可以專注在眉心，那就是內心的凝想冥思，然而在了悟的至上境地，你全然與之合一，超越心思，你的人身個體感渾然融化，那時也就沒有一個自外於客體而作為主體的你，在體驗客體物的中心。

問：我想把我的問題，略加修正。請問，眉心的位置可否說就是真我的座位？

尊者：你同意真我是意識之終極源頭，同樣存在於心思的三個時境。但是，人在冥想時，陷入昏睡，那又會發生什麼事呢？昏睡的首要徵狀，是他的頭部下垂。若真我是位於眉心或頭部的其他位置，則無論如何，都不會是這樣的。

若在昏睡的過程中，真我的體驗無法被覺知於眉心，則那個被稱為座位者，就意味著真我是背離其自身的位置，這是荒謬的。

事實上，修行者在其專注心思時，可能在某個中心或脈輪上有所體驗，但是，他所體驗的特定位置並不因此就是真我的座位。

聖者卡比兒（Kabir）的兒子卡摩有一則趣聞，可作為說明頭部（及眉心）不可能是真我的座位。

卡比兒對上主羅摩，極為虔誠敬愛，凡是以虔愛之心而吟唱讚頌上主之人，他無不供給食物。但有一次，他剛好沒有錢能為聚會的信徒提供食物。對他來講，他必須在翌日上午之前，備妥一切食物，別無選擇。所以，他和兒子當天夜晚外出，以便弄點食物。

故事是這樣說著：父子倆在一位商人家宅的牆壁上挖了個洞，盜走了食物，而他的兒子卻又跑回去叫醒商人，基於原則，必須告訴商人，他家的東西被偷了。當商人起身時，兒子趕緊拔腳就跑，以便鑽出洞口，跟牆外的父親會合，但他的身體卻卡在洞口出不來。為了避免被追來的商人認出來（因為若被認出，明天要供給信徒的食物便全沒了），他便對父親喊叫，要他砍斷他的頭，並且帶回去。父親依其言而行，卡比兒帶著偷來的食物及兒子的頭顱，完全逃出，回到家裡，並把頭顱藏在不易找到的地方。翌日，卡比兒對這群虔愛奉獻的信徒，提供豐盛的餐食，卻對昨天夜晚所發生的事情，無介於懷。「假若這是上主羅摩的旨意，」卡比兒自言道：「我兒子應該死亡，那就讓它成全吧！」當天晚上，卡比兒一如往常，跟信徒隊伍一起吟唱讚歌，到鎮上去遊行。在此同時。家中被竊的主人也報知國王，並出示卡摩沒有頭顱的身體，但無人能認出是誰。為了要知道他的身分，國王把卡摩的身體綁在公路上明顯的地方，以便使人前來認領或取走（因為，屍體若無親友最後致祭，則不可丟棄），這樣也可使當場埋伏的警察前去訊問或逮捕。

卡比兒及一行人，熱烈地吟唱讚歌，行至公路，此時，眾人驚見無頭顱的卡摩身體（僵硬有如門上鐵釘）卻拍起手來，應合著隊伍吟唱的讚歌節奏。

這則軼聞駁斥了頭部或眉心是真我座位的說法。另外要知道的是，在戰場上，士兵被刀劍突然砍斷頭顱，他的肢體仍然會繼續活動一陣子，好像也在打戰，直到最後倒地而死。

問：但是卡摩的身體不是在數小時前就死亡了嗎？

尊者：你所說的死亡，對卡摩來講，其實不是特殊的事情。他年輕的時候，有這麼一則故事。少年的卡摩，有一位同齡的朋友，常一起玩彈珠遊戲。他們遵守一項遊戲規則，若一方欠對方一或兩局的遊戲，則隔天就必須被對方討回來。有天晚上，兩人玩完遊戲，卡摩可以討回一局遊戲。隔天，卡摩到朋友的家，以便「討回遊戲」，但他看到這位朋友平躺在陽台上，而親戚在旁哭泣。

「怎麼回事？」卡摩問他們：「昨晚他跟我玩遊戲，還欠我一局。」親戚更加哀泣地說男孩死了。「不，」卡摩說道：「他沒有死，只是裝死而已，就是要逃避我來討回欠我的遊戲。」親戚不以為然，要卡摩來看看這位男孩是否真的死了，而那個男孩的身體，冰冷而僵硬。「我知道，這只是這個男孩的偽裝，身體僵硬而冰冷又怎麼樣？我也能像這樣。」說著說著，卡摩就平躺下來，轉瞬間就死了。

這些可憐的親戚，正在哭泣自己小孩的死亡，見狀驚惶又悲傷，也為卡摩之死，哭泣起來。但是，卡摩卻又起身，說道：「你現在看到了嗎？我就是你說的死者，但我又起來了，活蹦亂跳著。這就是他要騙我，但他用這種偽裝是騙不了我的。」

故事的結局是說，卡摩內在的神聖賦與了那個死去的男孩，而卡摩也討回了他的一局遊戲。故事的寓意是，身體的死亡，並非就是真我的滅息。真我之於身體的關係，並不受限於身體的出生與死亡，其位於身體之所在，也不是囿於某個部位，例如因持行冥想而置於眉心。真我明覺之至上之境，永不滅息，乃超越心思三時境及身體的生與死。

問：既然尊者說，真我若在本心的座位上，則得以在任何的脈輪上運作，那麼藉著密集的專注而修練於眉心，則這個中心難道不能成為真我的座位嗎？

尊者：只要其專注的修練階段，是在心注一處，則任何真我座位之考量，都不過是一項理論而已。你認為你自己是個主體，亦即觀者，而你心注之處，成為被觀物，這就僅是觀想而已。反過來，若你看到那個觀看自己，而你融入真我，並與之合一，那就是本心。

問：那麼，專注在眉心的修練，是可行的嗎？

尊者：任何修練冥想之最後成果是，修行者心思所專注的對象物，其與主體分離的現象，必須消失而不存在。它們（主體與客體）成為一個真我，那就是本心。

專注在眉心的修練，是冥想的行法之一，因此思維暫時有效受到控制。原因是這樣，所有的思維都是心思外馳的活動，而首發之思維緊跟在身體的或心思的「所觀之物」。

然而，要知道的是，這種專注於眉心的修練，必須伴以持咒。因此無論是內斂的心思或外馳的心思，重要性次於身體之眼的，便是身體之耳；而無論是內斂心思而強化之，或分散心思而排遣之，則重要性次於心思之眼的（亦即，心思觀想某物），便是心思之耳（亦即，心思發聲為言語）。

因此，持行專注在心思之眼的中心上，例如眉心，則你仍須持行心思上的聖名或咒語的發聲，否則你很快會在所專注的目標上滑落下來。

上述的修練持行，是朝向於與聖名、咒語或真我合一，不論你如何稱呼它，它是冥想所選擇的中心目標，但純粹意識、那個真我、那個本心，乃為最終的了悟。

問：為何尊者不指導我們修練專注在脈輪上的某個特定中心點？

尊者：《瑜伽經》說頂輪或頭腦是真我的座位。《原人讚歌》（*Purushasukta*）宣稱，本心是其座位。為了不使修行者起疑惑，我告訴他要拾取「我」或「我是」的線索，並尋繹其源頭。因為，首先人不可能會質疑自己的「我」之觀念，其次，不論所採取的修行為何，最終的目標就是了悟到你所能體驗的原始資訊之「我」的源頭。

因此，若你持行探究真我（*atma vichara*），你將邁抵本心，亦即真我。

第六章

我及我之思維

問：由自我所發動的探究，又怎麼能夠揭露其自身的非真實呢？

尊者：當你深入我之思維萌起的源頭，則自我存在的現象，便被超越了。

問：但是，自我呈現其自身時，我之思維僅是其三個形相之一，不是嗎？《瓦西斯塔瑜伽經》及其他古老經文述及自我有三個面向的形相。

尊者：是的。自我被描述為三個身相：粗身、精身、因緣身，不過，這只是為了分析的論述所用。若持行探究必須依賴自我的形相，則任何你所持行的探究，便成為不可能，因為自我可以有許許多多的形相。因此，在探究真我的意義上，你必須在自我的單一形相上，亦即我之思維的基礎上，進行修持。

問：但這對了悟真知來講，可能並不完善。

尊者：以沿著我之思維的線索而探究真我，就好像狗依循著主人身上的氣味來追蹤他。主人可以在某個不知名的遙遠之處，但這無礙於狗的沿路追蹤。對動物來講，主人身上的氣味是絕對錯不了的線索，至於其他的東西，例如主人穿的衣著、體格、身高等，都不算數。狗在尋找主人時，會抓住那股氣味，最後成功追蹤到他。

問：問題仍然是為何探詢我之思維的源頭，而非其他的思維，應被認為是了悟真我的直接方法？

尊者：「我」（*aham*）這個字本身，饒富意涵。這個字的兩個字母A和h（HA），是梵文字母的第一個和最後一個字母，這個字所表述的意涵是，它囊括一切，為什麼這樣？因為「我」象徵存在本身。雖然使用「我是」的概念，而知其為我之思維，但是我其實不是一個思維，其與心思上的其他思維不一樣。因為，其他的思維，並無基本上的連結相互關係，而我之思維，在基本上得以平行地跟心思上的每一個思維連結互動。若無我之思維存在，則無其他的思維存在，但我之思維，可以單獨自行存在，而無須仰賴心思上的任何其他思維。因此，我之思維，在基本上是迥異於其他的思維。

所以，探究我之思維的源頭，不僅是在探究自我之形相的立足點，更是在找尋萌起「我是」的那個源頭本身。換言之，探究或洞曉以我之心思為形相的自我之源頭，則必然意味著超越每個人可能存在的自我。

問：雖然承認我之思維，基本上涵蓋所有的自我之形相，但為何獨取這個思維來作為探究真我的方法呢？

尊者：因為它是你的體驗中必然存在而無可排除的所知信息；也因為找尋它的源頭，乃是你了悟真我唯一可行的務實路徑。據說，自我有個因緣身相，但你又如何能以之作為你探究的主題對象呢？若自我是以此為身相，則你將陷入昏睡的黑暗中。

問：但是自我在其精身相及因緣身相，無可捉摸，若在心思清醒時，探究於主導的我之思維的源頭，那不是無法著手進行嗎？

尊者：不，探究而深入我之思維的源頭，會觸及到自我當下的存在。因此，自我形相的精微情態，並不是重要的考量。

問：其人之目標，是在了知絕對而純粹的真我，而那個真我是絕不依靠在自我上。那麼，以我之思維的形相而探究於相關的自我，會有用嗎？

尊者：從運作的觀點來看，自我的形相、走作或者隨你怎麼稱呼它（那是不重要的，因為它瞬息萬變），就是有個自我，而且只有一個特徵。自我的運作，是連結於純粹意識的真我與遲鈍、無覺性的身體之間。因此，自我被稱為真我與身體之間的結。在你深入探究我之思維的源頭時，你是拾取自我的基本存在（真我）這一部分，就是這個理由，持行的探究必須朝向對真我的純粹意識之了悟。

問：悟者所了悟的純粹意識，與體驗中的「我是」之最初信息，二者有何關係？

尊者：純粹存在的渾然意識，乃是本心，或者本心是我（*hirdayam*），那是真實的你，亦即*hirdayam*（*hirt*+*ayam*等於本心是我）這個字所表示的，從本心而萌起「我是」，作為其人體驗的最初信息，而「我是」本身，在本質上是無垢的純淨，它是在無垢純淨的實相裡（亦即不為躁動及昏暗的質性所汙染），就是那個「我」似乎存在於悟者的身上……

問：自我以純淨的形相，存在於悟者的身上，因此那個自我，看起來是真實的。我這樣說，對嗎？

尊者：不，自我存在於悟者或未悟者的身上，不管其形相為何，都只是表象，但對未悟者而言，他誤認為其醒境及這個世界都是真實的，而自我也顯得是真實的。因為他看到悟者的舉動跟他人無異，他不禁認定悟者也有其個體性。

問：我之思維是如何在悟者的身上運作的？

尊者：悟者的身上，並無我之思維的運作。悟者專注的目標，是在本心。因為他是與渾然的純淨意識合一之人，而那個純粹意識，《奧義書》指稱為是圓滿意識（*prajnana*）。圓滿意識誠然就是至上絕對（Brahman）。至上絕對與圓滿意識，一也。

問：那麼，在這個唯一的實相中，又如何不幸地在未悟者身上萌起無明呢？

尊者：未悟者僅僅看到心思。心思僅是起自本心的純粹意識之光的反應，而他昧於那個本心。為何如此？因為他的心思向外，從未尋找其源頭。

問：起自本心的無限而渾然的意識之光，到底受到什麼阻礙，而無法向未悟者顯露出來？

尊者：正如壺中的水，在狹窄有限的壺口上，反映出巨大的太陽，個人心思的潛在習性，作為反映的媒介，捕捉了起自本心的遍在無限的意識之光，呈現在一個反映的現象，稱之為心思。未悟者看到了這個反映，便誤信為他是一個有限的生命個體。若他藉著探究而心思返內，深入我之思維的源頭，則潛在習性滅息、反映的媒介消失，反映現象的心思也告泯滅，而融入本心，亦即唯一實相的光裡。這就是一位修道者須要知道的全部要旨。他務必要熱誠而專心地致力於探究，以深入我之思維的源頭。

問：但是他的任何努力，都僅限於在醒境時的心思，像這樣僅在醒夢睡）三境之一的心思上持行探究，又如何能滅除心思呢？

尊者：探究而深入我之思維的源頭，無疑地是修行者在其醒境時的心思上持行，當然不能說他的心思被滅除了。但是，探究真我的過程，會自行揭露心思在三境上的轉換或蛻變，而三境本身，是屬於世界現象，並不能影響他強烈的返內探究。

唯有藉著心思強烈地返內，探究真我才能確實執行。這種探究而深入我之思維的源頭，其結果之最終了知，乃是本心確實為純粹意識的渾然之光，而心思上的反映之光，完全被收攝在內。

問：那麼，對悟者而言，就沒有心思的三境之分別了嗎？

尊者：若心思已融解於意識之光了，則怎麼還會有分別呢？

對悟者而言，三境全屬不真實，但對未悟者，是無法理解這樣的，因為未悟者對真實的判準，是在醒境上為之，而悟者對真實的判準，是在實相本身。純粹意識的實相，在本質上是永恆的，因此，同樣存在於你所說的醒夢睡境。對一個與實相合一的人而言，既無心思，也無三境可言，因此，並無向內，也無向外。

他總是在醒境，因為他明覺於永恆的真我。他總是在夢境，因為世界對他而言，不過是一場重複呈現的夢幻。他總是在睡境，因為他始終沒有「我是身體」的意識。

問：那麼，我應該認為，尊者跟我講話時，是在既醒又夢又睡的境地上嗎？

尊者：因為你現在所感覺的體驗，是受限於心思外馳的時段，你就說目前的時段是醒境，但你的心思卻全然昏昧於真我，因此，現在你其實是沉睡的。

問：對我來講，睡眠不過是一種空白。

尊者：沒錯，因為你的醒境，不過是心思躁動的勞擾。

問：我所說的空白，是指我睡覺時，幾乎無知覺於任何事物，這對我來講，等於是不存在的。

尊者：但你在睡覺時，確實是存在的。

問：若我是存在，但我卻對這個存在，沒有知覺。

尊者：你不會是真的在說你睡覺時，你是不存在的吧！（笑著）若你入睡時，是X先生，難道你醒起後，會成為Y先生嗎？

問：我知道我的身分，可能是出於記憶而來。

尊者：就算是這樣，若無持續的覺知存在，則怎麼可能你會知道你的身分呢？

問：但是，我對這個覺知，毫無知覺。

尊者：不，是誰在說你在睡覺時，毫無知覺呢？那是你的心思在說的。但是，你睡覺時，並無心思存在，不是嗎？心思見證你睡覺時的存在或體驗，這又有何意義呢？尋求心思的見證而去否定你睡覺時的存在或覺知，就好像叫你的兒子作見證，去否定他的出生！

我先前曾告訴你，說存在與覺知，並非兩物，而是同為一物，你還記得嗎？嗯，若因任何理由，而你不得不承認你在睡覺是存在的，則可確定你也覺知到那個存在。在睡覺中，你真正所不知覺的，是你身體的存在。你把身體的知覺，與永恆的真我之覺知，搞混淆了。圓滿意識是「我是」的源頭，始終存在，不為心思的短暫三境所影響，因此，能使你完整保有你的身分。

圓滿意識也是超越三境的，因為不論有無三境，它都能存在。

你應該在你所說的醒境裡，追蹤我之思維，深入它的源頭，去尋找那個實相。熱誠地持行這個探究，將能揭示心思及三境，皆為不真實，而你乃是純粹存在的永恆無垠之意識，亦即真我或本心。

附錄一

拉瑪那尊者生平事略

拉瑪那尊者（Sri Ramana Maharshi），幼名維克達拉瑪・艾耶（Venkataram Iyer），一八七九年十二月三十日誕生在印度南方泰米爾・納德邦（Tamil Nadu）蒂魯丘立（Tiruchuli）小鎮。十五歲時，有位親戚長者來訪，告以來自聖山阿魯那佳拉（Arunachala），位於蒂魯瓦納瑪萊（Tiruvannamalai）城鎮，從此聖山之名，便在維克達拉瑪的內心深處，啟發靈動，縈懷不去。翌年，一八九六年，維克達拉瑪在馬杜賴（Madurai）的叔父家裡，身歷瀕死經驗，引發對生命真我的探究與開悟。

同年八月廿九日，他隻身離家前往聖山所在地的蒂魯瓦納瑪萊。一九〇一年，他與若干同伴信徒，居留於阿魯那佳拉山腰處的維魯巴沙洞屋（Virupaksha Cave），此期間，有慕道者加納帕提・慕尼（Ganapati Muni）問道於他，拉瑪那（開悟後，改稱「拉瑪那」）打破長期噤語，金口開示，其弘深精奧的教導，乃源源而來，慕尼盛讚之餘，公開宣稱：「讓舉世皆知，他是薄伽梵‧拉瑪那‧大悟者（馬哈希）（Bhagavan Sri Ramana Maharshi）！」從此以後，拉瑪那被尊稱為「薄伽梵」、「大悟者（馬哈希）」，阿魯那佳拉的聖者（Sage of Arunachala）之名，乃遠播於印度，確立為靈性上師的地位。

一九一六年，拉瑪那遷居於維魯巴沙洞屋上坡處的史堪德道場（Skandashram），一九二二年，拉瑪那的母親仙逝，葬於阿魯那佳拉南邊的山腳下，信徒前來祭拜者眾，寖然形成聚落，乃建立拉瑪那道場（Sri Ramansramam）。拉瑪那在道場的舊廳（Old Hall），朝夕趺坐在廳內角落的長椅沙發上，凝定於淵默之中，平坦和易、靜默無語，或隨機應答，信徒及訪客翕然宗之；其教誨，勉人自勘「我是誰」，俾了悟真我，拔人生苦厄。一九四九年，拉瑪那左手肘突生一粒癤腫，鑒於惡性腫瘤，施以四次手術，終告不治，於一九五〇年四月十四日晚間，平靜謝世。拉瑪那在世七十一年的歲月，居留在阿魯那佳拉五十四年期間，有廿八年坐鎮在聖山南麓的拉瑪那道場，啟引世人，教澤綿延，迄未衰替。

◎本文摘自蔡神鑫《真我與我》〈生平篇〉（台北市：紅桌文化，2014）22—80頁

附錄二

延伸閱讀書目

真我與我

本書是全球第一本完整記述拉瑪那尊者生平與教義的中文書籍。內容涵蓋：
生平篇：完整記錄尊者年輕時瀕死而悟道、棄世修行、教化世人的一生。
對話篇：尊者對全球信徒有關人生、修行的開示及對話。
粹言篇：尊者語錄精選。

對話真我 上下卷

本書記錄拉瑪那與信徒訪客的對話內容，期間自一九三五年至一九三九年，凡六百五十三則對話，皆從真我立說，在此總攝教誨，而教義深長。在尋求真理的道路上，是十足珍貴的指導標竿，為拉瑪那對話書籍中最經典之作。

日處真我

一位高階靈性的信徒，用詩頌體裁載述拉瑪那的教誨，計一千七百五十則頌文，分八章論列，議題有：探究真我、上師與悟者、心思所造、臣服奉獻、神通與命運、死亡與苦難等。編者附加注解，又廣引摘文，互參衍義，共譜一部罕見的靈性經典之作，是拉瑪那教誨的進階讀本。

真我三論

本書合輯三篇拉瑪那尊者的經典性重要專文：〈我是誰〉、〈探究真我〉、〈靈性教導〉，構成拉瑪那教誨的核心論述，是瞭解其教誨的入門讀本。今日拉瑪那道場對來自全球的訪客，皆建議閱讀這三篇專文，足見其重要性。

稀世珍寶

本書編者嚴選拉瑪那教誨的精華，凡十三個主題：幸福、真我與非真我、心思、探究我是誰、臣服、三境、恩典與上師、了悟真我、本心、命運與自由意志等，內容扼要、語語珠璣，是拉瑪那教誨書籍中最精簡的讀本。

真我 8

真我宣言

印度靈性導師拉瑪那尊者的教誨福音

Maharshi's Gospel

作者　拉瑪那尊者 Sri Ramana Maharshi

譯者　蔡神鑫 Sheng-hsin Tsai

總編輯　劉粹倫

發行人　劉子超

出版者　紅桌文化／左守創作有限公司

undertablepress.com

臺北市中山區大直街 117 號 5 樓

印刷　約書亞創藝有限公司

經銷商　高寶書版集團

臺北市內湖區洲子街 88 號 3 樓

Tel: 02-2799-2788

Fax: 02-2799-0909

書號　ZE0145

ISBN　978-986-98159-4-9

初版　二〇二〇年十月

新台幣　二八〇元

法律顧問　詹亢戎律師事務所

Maharshi's Gospel: Being Answers of Bhagavan Sri Ramana Maharshi to Questions put to Him by Devotees, BOOKS 1 & II

Chinese Translation by Sheng-hsin Tsai

undertablepress.com
117 Dazhi Street, 5F, 104042 Taipei, Taiwan

國家圖書館出版品預行編目（CIP）資料

真我宣言：印度靈性導師拉瑪那尊者的教誨福音／拉瑪那尊者（Sri Ramana Maharshi）著；蔡神鑫譯. —初版. —臺北市：紅桌文化，左守創作，2020.10
128面；14.8*21公分. —（真我：8）
譯自：Maharshi's Gospel
ISBN 978-986-98159-4-9（平裝）
1.印度教 2.靈修
274 109015663